먼 옛날, 그리스에는 아테네와 스파르타 같은
도시 국가들이 성장하고 있었어.
거대한 페르시아 제국도 멀지 않은 곳에 자리 잡고 있었지.
그리스와 페르시아는 지중해를 둘러싸고 큰 전쟁을 벌이게 돼.
두 나라에는 어떤 일이 있었던 걸까?

나의 첫 세계사 4

지중해를 두고 겨룬
그리스와 페르시아

박혜정 글 | 순미 그림

휴먼 어린이

우리나라에 세워진 최초의 나라, 고조선이 한반도를 다스리던 무렵이야.

그러니까 아주아주 먼 옛날, 멀리멀리 '지중해'라는 바다에서 큰 전쟁이 벌어졌어.

페르시아가 그리스를 공격하면서 시작된 전쟁이었지.

지중해는 유럽과 아시아와 아프리카 대륙으로 둘러싸인 바다야.

과연 지중해에서 어떤 일이 있었던 걸까?

최초의 문명이 발달한 곳은 메소포타미아야.
티그리스강과 유프라테스강 사이에 있는 비옥한 땅에서
메소포타미아 문명이 시작되었지. 이 지역을 '서아시아'라고 해.
지중해로 흐르는 나일강을 끼고 발달한 이집트에서도 문명이 꽃피었지.

이집트와 서아시아 지역이 하나의 나라가 될 수 있을까?
'아시리아'라는 나라가 그 어려운 일을 처음으로 해냈어.
아시리아 군대에는 강력한 철제 무기와 빠른 전차가 있었거든.
하지만 아시리아는 오래가지 못했어. 정복한 사람들을 겁주고
무섭게 다스린 탓에 그들의 마음을 얻지 못했던 거야.

곧이어 이곳을 다시 통일하여 오래오래 다스리는 나라가 등장했어.
바로 **페르시아**야! 페르시아는 어마어마하게 넓은 제국을 이루었지.

"나는 페르시아의 정복왕, 키루스!
작은 부족에서 시작한 페르시아를 큰 나라로 만들었지!"

키루스 왕은 전쟁터에서 무척 사납고 무서웠지만,
거대한 제국을 이룬 뒤에는 사람들을 너그럽게 대했어.

키루스 왕의 아들이었던 캄비세스 왕은 이집트까지 정복했고,
그 뒤를 이어 왕이 된 다리우스는
넓어질 대로 넓어진 페르시아 제국을 안정적으로 이끌었지.
페르시아 말로 왕을 '샤'라고 하거든.
다리우스는 자신을 '왕 중의 왕'이라는 뜻으로, '샤한샤'라고 불렀어.

페르시아의 다리우스 왕은 이집트와 아나톨리아반도,
메소포타미아에서 인더스강까지 아주 넓은 땅을 차지했어.
나라를 여러 지역으로 나누고, 지역마다 총독*을 보냈지.
총독이 자기 지역을 제멋대로 다스리면 안 되니까 감시관도 보냈어.
이 감시관들을 '왕의 눈' 또는 '왕의 귀'라고 불렀대.
다리우스 왕의 눈과 귀는 100개도 넘었을 거야!

● **총독** 어떤 구역을 도맡아 다스리는 사람.

다리우스 왕은 새로운 도시와 궁전도 만들었어.
그 도시의 이름은 **페르세폴리스**야.
다리우스 왕의 지배를 받는 지역에서는
새해가 되면 페르세폴리스의 궁전으로 사신을 보냈어.
왕에게 새해 인사를 드려야 했거든.
왕에게 바칠 낙타, 들소, 금 항아리, 상아 같은 선물도 줄줄이 이어졌지.

다리우스 왕이 믿었던 종교는 조로아스터교였어.

이 종교를 만든 '조로아스터'라는 사람의 이름에서 따온 거지.

조로아스터교에서는 우리가 사는 세상을 두 명의 신이 대결하는 곳이라고 생각했어.

선과 빛의 신 '아후라 마즈다', 악과 어둠의 신 '아리만'이 그 주인공이야.

아후라 마즈다가 아리만을 이겨야 세상에 좋은 일이 많아진다고 믿었대.

페르시아 왕들은 아후라 마즈다가 자신들을 보살펴 주기를 바랐어.
왕도 힘드니까 누군가의 보살핌이 필요했나 봐.
아후라 마즈다의 모습은 페르시아 곳곳에 왕의 모습과 함께 새겨졌어.
페르세폴리스 궁전 벽면에도 있고,
다리우스 왕의 업적을 새긴 높다란 절벽에도 있지.

하지만 페르시아 사람들이 모두 조로아스터교만 믿은 건 아니야.

태양신을 믿으며 제사를 지내는 사람도 있었고,

유일신 하나님을 믿는 사람도 있었지.

다리우스 왕은 조로아스터교를 믿었지만, 자신의 종교를 강요하지 않았어.

다른 종교를 모두 인정했지. 이런 존중하는 마음을 '관용'이라고 해.

"내 제국에 노예는 없다.
길을 닦거나 궁전을 만들기 위해 강제로 일을 시키지 마라.
원하는 사람들에게 일할 기회를 주고, 일한 만큼 대가를 주어라!"

다리우스 왕은 정복한 사람들을 노예로 만들지 않았어.
군인을 뽑을 때도 모두에게 똑같은 기회를 주었지.
다리우스 왕은 잔혹한 법이나 무서운 칼이 아니라,
관용의 태도로 제국을 다스린 것으로 유명해.

다리우스 왕이 다스리는 페르시아가 발전하고 있을 때
바다 건너에서는 그리스가 쑥쑥 성장하고 있었어.
그리스는 여러 개의 작은 도시 국가로 이루어져 있었지.
그리스가 있는 발칸반도는 산이 많고 평야가 적은 데다가
땅과 바다가 만나는 해안선도 꼬불꼬불 복잡했어.
커다란 나라가 들어서기 힘든 환경이었던 거야.

산과 산 사이에 있는 작은 땅이나 바다 위 작은 섬에
도시 국가들이 제각각 생겨났어.
이렇게 만들어진 도시 국가를 **폴리스**라고 해.
그리스에는 1000개가 넘는 폴리스들이 있었지.

가끔 서로 싸우기도 했지만,
폴리스끼리는 같은 말을 쓰고 같은 신을 믿었어.
그리스에서 제일 높은 산인 올림포스산에는
예부터 열두 명의 신이 살고 있대.
제우스, 포세이돈, 아테나, 아폴론,
디오니소스 같은 신들 말이야!
정말 신이 살았을까 싶기도 하지만
그리스 사람들은 이 신들을 중요하게 생각했어.
태양신 아폴론을 모시는 델포이 신전에서 기도하거나,
술과 축제의 신 디오니소스를 위해
연극을 하고 합창도 했지.

최고신인 제우스를 위해서
폴리스 사람들은 4년에 한 번씩
올림피아 제전을 열었어.
달리기, 높이뛰기, 창던지기 같은
다양한 운동 경기가 펼쳐졌지.
맞아! 지금까지도 전 세계인이 함께하는
올림픽 대회가 그리스에서 시작된 거야.
폴리스 사람들은 '같은 그리스인'이라는
생각을 가지고, 그리스에 위기가 닥치면
똘똘 뭉쳐 서로 힘을 합쳤어.

가장 유명한 폴리스는 **아테네**야.

아테네의 수호신은 지혜의 신 아테나였지.

아테나는 아테네 사람들에게 올리브나무를 선물로 주었대.

올리브나무는 메마른 땅에서도 잘 자라거든. 포도나무도 마찬가지야.

아테네 사람들은 올리브로 기름을 만들고, 포도로 술을 만들었어.

올리브유와 포도주를 외국에 내다 팔고, 필요한 식량을 외국에서 사들였지.

무역이 점점 활발해지면서 커다란 항아리를 만드는 기술과

배를 만들고 항해하는 기술도 발달했어.

아테네 사람들은 사랑하는 신 아테나를 위해 멋진 신전을 지었어.

신전이 있는 높다란 언덕을 '아크로폴리스'라고 해.

그 주변에는 '아고라'라는 광장이 있었지.

아테네 시민들은 아고라에 모여서 중요한 일을 함께 의논하고 결정했어.

아테네 말고도 유명한 폴리스가 또 하나 있지. 바로 **스파르타**야!

스파르타가 있는 펠로폰네소스반도에는 넓고 기름진 땅이 있었어.

산이 많았던 다른 폴리스와는 환경이 좀 달랐지.

스파르타 사람들은 노예를 부려 넓은 평야에 농사를 지었어.

스파르타가 정복한 나라에서 데려온 노예가 아주 많았거든.

노예들은 농사를 짓고, 스파르타 시민들은 군사 훈련을 받았어.

스파르타의 시민이라면 매일매일, 온종일, 평생 동안 훈련을 해야 했지.

노예들을 힘으로 다스리고, 전쟁이 나면 전쟁터에 나가야 했으니까.

발칸반도, 에게해의 섬들, 아나톨리아반도의 이오니아,
지중해를 둘러싸고 있는 땅들 곳곳에 수많은 폴리스가 있었어.
그리고 가까이에 다리우스 왕이 다스리는 페르시아가 있었던 거야.
대부분의 폴리스는 페르시아의 군대 앞에서 벌벌 떨었지만,
떨기는커녕 '한번 싸워 볼 만하지!' 하는 폴리스도 있었지.
그게 바로 아테네와 스파르타였어.

한편, 페르시아의 지배를 받고 있던 이오니아 지역의 폴리스들도
바다 건너 아테네와 스파르타를 믿고, 페르시아에 도전장을 내밀었어.
더는 페르시아에 세금을 내지 않겠다고 한 거야.
화가 난 다리우스 왕은 이오니아에 군대를 보냈어.
한발 더 나아가, 이오니아의 폴리스들을 부추기고 힘을 실어 준
아테네와도 싸우기로 했지.

페르시아는 어마어마하게 많은 군사를 이끌고,
여러 폴리스에 겁을 주면서 아테네로 향했어.
그리스 군인들과 페르시아 군인들이
마라톤 평원에서 맞부딪쳤지.
아테네에서 40킬로미터쯤 떨어진 곳이었어.
청동으로 만든 갑옷을 입고, 투구를 쓴 그리스 군대가
커다란 방패와 기다란 창을 들고 줄지어 늘어섰지.
그리스 군인들은 페르시아 군대의
양쪽 가장자리를 잽싸게 공격했어.
당황한 페르시아가 우왕좌왕하고 있을 때 그리스가 더 밀어붙였지.
결국 페르시아가 후퇴하면서 그리스가 승리를 거두었어.

아테네 사람들은 조마조마하며 전투의 결과를 기다리고 있었지.
그리스의 병사 한 명은 아테네에 승리의 소식을 전하기 위해
한 번도 쉬지 않고 42킬로미터를 달려갔대!
42.195킬로미터를 달리는 마라톤 경기의 이름은 이 전투에서 생겨난 거야.

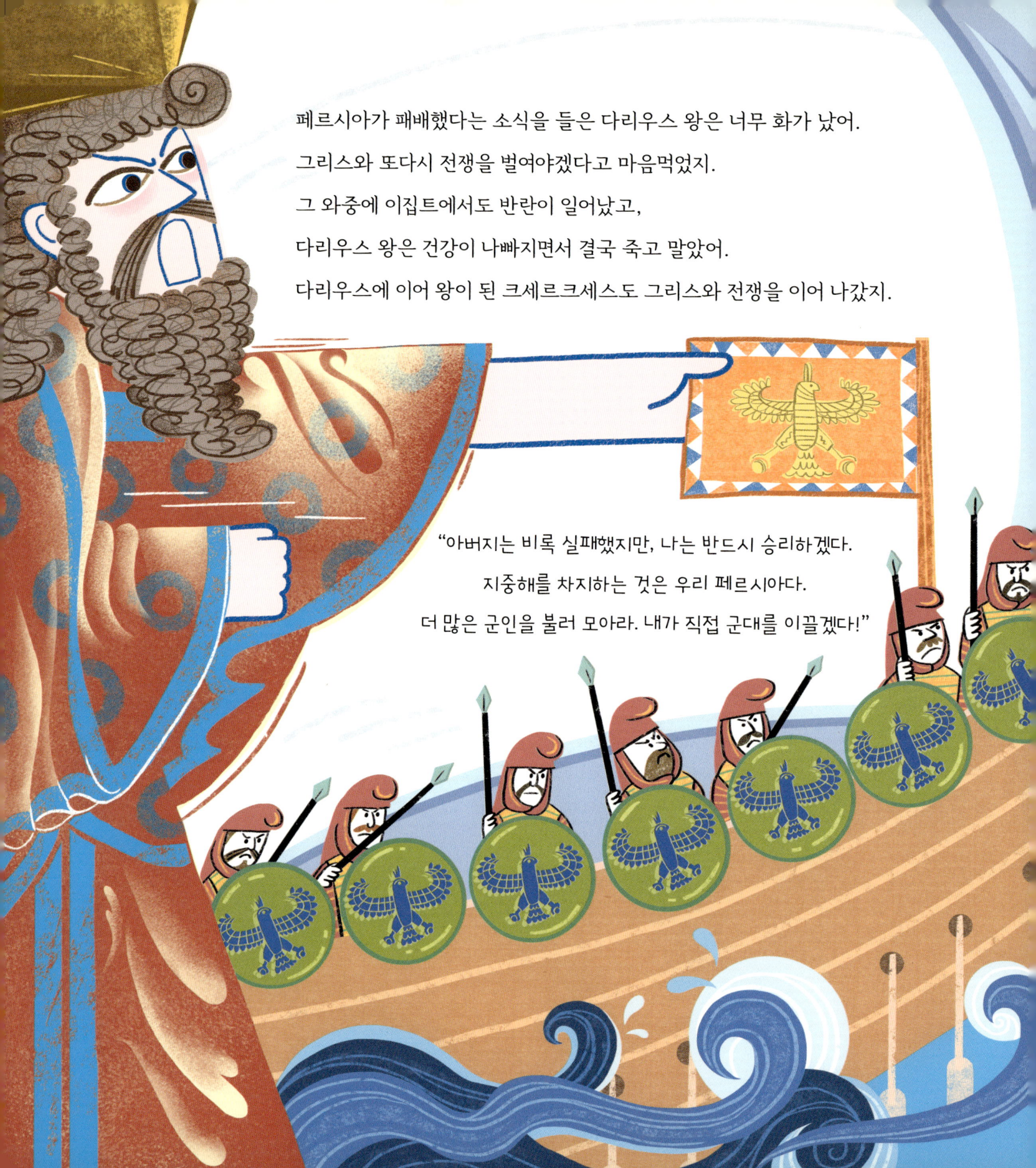

페르시아가 패배했다는 소식을 들은 다리우스 왕은 너무 화가 났어.
그리스와 또다시 전쟁을 벌여야겠다고 마음먹었지.
그 와중에 이집트에서도 반란이 일어났고,
다리우스 왕은 건강이 나빠지면서 결국 죽고 말았어.
다리우스에 이어 왕이 된 크세르크세스도 그리스와 전쟁을 이어 나갔지.

"아버지는 비록 실패했지만, 나는 반드시 승리하겠다.
지중해를 차지하는 것은 우리 페르시아다.
더 많은 군인을 불러 모아라. 내가 직접 군대를 이끌겠다!"

크세르크세스 왕은 어마어마하게 많은 군사를 이끌고 다시 아테네로 향했어.
아테네 사람들은 근처에 있는 살라미스섬으로 피난을 가야 했지.
텅 빈 아테네는 페르시아의 침입으로 모두 불타 버렸어.

스파르타 군인들이 페르시아의 육군을 좁은 땅으로 밀어 넣은 한편,
아테네 군인들은 페르시아의 해군을 좁은 바다로 이끌어 치열하게 싸웠지.
그리스의 군대는 수가 더 적었지만, 재빠르게 공격하면서 기세를 잡았어.
살라미스 해전에서 큰 피해를 입은 페르시아는 결국 후퇴하고 말았지.
길고 길었던 그리스와 페르시아의 전쟁은 이렇게 끝이 났어.

하지만 페르시아는 여전히 무시무시했어.

그리스의 폴리스들은 힘을 합쳐서 동맹*을 만들기로 했지.

함께 돈을 모으고 페르시아에 맞설 준비를 했던 거야.

동맹의 중심은 아테네였어.

아테네는 지중해에서 누구도 당해 낼 수 없을 만큼 막강한 해군을 만들었거든.

때마침 유능한 지도자 페리클레스가 등장하면서 아테네는 더욱 풍요로워졌지.

아테네 시민들은 자신감이 넘쳤어.

바야흐로 아테네의 전성기가 시작된 거야.

● **동맹** 서로의 이익이나 목적을 위해 함께 행동하기로 약속을 맺은 집단.

그리스의 아테네는 세계 최초로 민주주의가 발달한 곳이야.
민주주의는 왕이나 귀족이 아니라, 시민들이 함께 나랏일을 결정하는 것을 말해.
아테네에서는 시민들이 직접 법을 정하고, 법을 어긴 사람들을 재판했지.
왕처럼 굴거나 민주주의를 무시하는 사람이 생기면
도자기 조각에 이름을 써내도록 했어.
많은 표를 받은 사람은 아테네에서 쫓겨났지.
아테네의 시민들은 아테네가 자랑스러웠어.

하지만 아테네에 불만을 가지는 폴리스들도 생겨났어.

"폴리스들이 함께 모은 돈을 왜 아테네를 위해서만 쓰는 거지?
이러니까 아테네 혼자서만 너무 앞서 나가잖아."

가장 큰 불만을 품은 폴리스는 스파르타였고,
스파르타가 중심이 되어 새로운 동맹이 만들어졌지.

아테네와 스파르타 사이는 점점 더 나빠졌고,
결국 두 동맹 사이에 전쟁이 벌어졌어. 바로 펠로폰네소스 전쟁이야.
전쟁 중에 아테네에서는 심각한 전염병까지 돌아서 많은 사람이 목숨을 잃었어.
아테네의 전성기를 이끌었던 페리클레스도 이 전염병으로 죽고 말았지.
펠로폰네소스 전쟁은 27년이나 계속되었어.
마침내 스파르타가 이기긴 했지만, 모두에게 큰 상처를 남긴 채 전쟁은 끝이 났지.

결국 그리스는 발칸반도 북쪽에 있는 마케도니아 왕국에 밀려나고 말았어.
마케도니아의 필리포스 왕이 새로운 곳을 정복할 때마다
그의 아들 **알렉산드로스**는 이렇게 투덜거렸대.

"아버지가 모든 곳을 정복해 버리시니,
제가 왕이 되었을 때는 정복할 곳이 남아 있지 않겠네요."

알렉산드로스는 더 멀리 내다보며 더 큰 꿈을 꾸었지.
왕이 된 알렉산드로스는 그리스의 폴리스들을 모조리 점령하고, 이집트도 정복했어.
그리스와 전쟁을 벌인 후 힘을 잃어 가던 페르시아 제국도
마케도니아 왕국과 벌인 몇 번의 전투 끝에 완전히 패배해 버렸지.
번영하던 페르시아의 도시 페르세폴리스도 불태워지고 말았어.

알렉산드로스가 정복한 지역은 어마어마하게 넓었어. 그리스, 이집트, 서아시아의 넓은 지역과 인도의 일부까지 차지했지. 알렉산드로스는 그 당시 세계에서 가장 커다란 제국을 세운 대왕이 되었어. 제국 곳곳에 자신의 이름을 딴 도시를 만들었는데, 그중에 가장 큰 도시가 이집트의 알렉산드리아야.

이집트의 알렉산드리아에는 높다란 등대 하나가 세워져 있었어.
높이는 100미터가 넘었고, 지중해 저 멀리까지 빛을 비추었지.
지중해를 오가는 사람들에게 길을 밝혀 주고, 방향을 알려 주었던 거야.
등대는 1500년 넘게 한자리에 서 있었지만,
지진 때문에 무너져 버려서 지금은 그 모습을 볼 수 없어.

그리스의 문화는 지중해를 넘어 세계 곳곳으로 퍼져 나갔어.
이집트와 메소포타미아의 문화와 예술도 그리스에 전해졌지.
동양과 서양의 문화가 어우러져 발전하던 이 시대를
'헬레니즘 시대'라고 해.
이때에는 활기차고 생동감 넘치는 예술품이 만들어졌어.
날개를 활짝 편 승리의 여신 니케,
포세이돈이 보낸 뱀에게 물려 고통받는 라오콘처럼
사람의 몸과 감정을 생생하게 표현한 예술 작품들을 보면
헬레니즘 시대의 분위기를 엿볼 수 있지.

시간이 흘러 알렉산드로스 대왕이 죽자,
제국은 다시 여러 개의 나라로 나뉘었어.
그리고 그 무렵, 발칸반도에서 멀지 않은 이탈리아의 로마가
지중해를 차지하기 위해 발돋움하고 있었지.
로마가 있는 이탈리아반도에서 새로운 변화가 시작될 거야.

나의 첫 역사 여행

고대 그리스 문명을 간직한 도시, 아테네

아크로폴리스

유럽에서 가장 먼저 문명을 꽃피운 곳은 그리스 지역이야.
고대 그리스의 유적지로 가장 유명한 곳은 아테네에 있는 아크로폴리스지.
옛날 그리스 사람들은 폴리스의 높다란 언덕에 군사 시설과 신전을 지었는데,
이 언덕을 아크로폴리스라고 해.
현재 그리스의 수도인 아테네는 먼 옛날,
고대 그리스에 있었던 수많은 도시 국가를 대표하는 폴리스 중 하나였어.
아테네의 중심에 있는 아크로폴리스에는 파르테논 신전을 비롯해
옛날 아테네 사람들이 지은 멋진 건축물들이 남아 있단다.

멀리서 바라본 아크로폴리스의 모습

파르테논 신전

파르테논 신전

아테네의 수호신은 아테나야. 아테네 사람들이 아테나를 기념하고
제사 지내기 위해 성대하게 지은 신전이 파르테논 신전이지.
페르시아의 공격을 물리친 후 전성기를 맞이한 아테네는
지도자 페리클레스가 활약하면서 큰 발전을 이루어 냈어.
파르테논 신전도 이 시기에 지어졌지.
파르테논 신전은 건축물의 높이와 너비, 길이 사이의 비율이
완벽하게 균형을 이루고 있다는 평가를 받고 있어.

디오니소스 극장

아크로폴리스 남동쪽 아래에 가면 디오니소스 극장이 있어.
술과 축제의 신이자 연극의 신 디오니소스의 이름을 딴
이 극장은 그리스에서 가장 오래된 야외 원형 극장이야.
고대 그리스 사람들은 그리스 신화와 전설 속 이야기를
연극으로 공연하고 감상하기를 즐겼어.
자신들을 지켜 주는 신에게 감사드리는 축제도 해마다 열었지.
매년 봄이 되면 아테네에서 열리던 디오니소스 축제가 대표적이야.
축제 기간에는 모든 상점과 관청이 문을 닫고,
디오니소스 극장에서 펼쳐지는 연극 공연을 즐겼대.

디오니소스 극장

나의 첫 역사 클릭!

페르시아의 수도, 페르세폴리스

페르세폴리스는 페르시아 제국의 수도였어.
오늘날 이란의 남서부 지역인 파르스 지방에 위치한 곳이지.
이곳을 수도로 정한 사람은 키루스 왕이지만,
본격적으로 궁전과 조형물을 세운 사람은 다리우스 왕이야.
다리우스의 아들 크세르크세스 왕이 웅장한 페르세폴리스의 모습을 완성했지.
다양한 지역의 문화가 융합된 페르시아의 궁전은 개성 있고 독창적이야.
궁전 입구에 있는 만국의 문에서 상상 속 동물인 라마수를 볼 수 있어.
라마수의 얼굴은 사람인데, 몸통은 황소인 데다가 날개까지 달려 있지.
라마수는 아시리아를 상징하는 조각품이었어.
아시리아의 뒤를 이은 페르시아가 궁전 곳곳에 라마수 조각을 새겨 놓았지.

라마수가 조각되어 있는 만국의 문

페르세폴리스를 방문한 사신들의 모습도 궁전 벽면에 새겨져 있어.
하지만 알렉산드로스 대왕의 침입으로 페르세폴리스는 잿더미가 되고 말았지.
알렉산드로스 대왕은 몇 달에 걸쳐 보물을 약탈하고, 도시를 폐허로 만들었어.
오랜 시간 잠들어 있던 페르세폴리스는 1930년대에 대대적으로 발굴되었고,
고대 문명을 엿볼 수 있는 유적으로 인정받아 유네스코 세계 문화유산에 등재되었어.

| 사신들의 모습이 새겨진 궁전 벽면 | 키루스 원통 |

키루스 왕과 관련된 유명한 유물을 하나 소개할게. 바로 키루스 원통이야.
원통 모양의 점토판에 키루스 왕의 업적과 정책이 쐐기 문자로 기록되어 있지.
메디아, 리디아, 신바빌로니아를 정복하고 서아시아 지역을 통일한 키루스 왕은
사람들의 인권을 존중하고 평화롭게 살도록 선포했어.
키루스 원통에 쓰여 있는 주요 내용은 다음과 같아.
"모든 노예들을 석방한다.
종족, 언어, 종교에 관계없이 모든 백성은 동등하게 대우받아야 한다.
전쟁 중에 파괴된 사원은 복구하여 원래의 영광을 되찾도록 하라."
키루스 원통은 인류 최초의 인권 선언이자 평화 선언으로 평가받고 있어.

글 박혜정

성균관대학교 역사교육과에서 공부했습니다. 중학교에서 역사를 가르치며 학생들과 세계사의 재미를 나누고 있습니다. 두 아이의 엄마로, 아이를 무릎에 앉혀 놓고 그림책을 읽어 주던 때가 인생에서 빛나던 시절 중 하나라 여기고 있습니다.

그림 순미

대학에서 영상을 공부하고, 지금은 어린이를 위한 그림을 그리고 있습니다. 상상력을 요리조리 발휘해서 그림으로 재미있는 이야기를 전하는 사람이 되려고 노력합니다. 그린 책으로 《우리 그릇 이야기》, 《역병이 돈다, 조선을 구하라!》, 《역사 속에 살아 숨 쉬는 우리 법》 등이 있습니다.

나의 첫 세계사 4 ― 지중해를 두고 겨룬 그리스와 페르시아

1판 1쇄 발행일 2022년 12월 7일

글 박혜정 | **그림** 순미 | **발행인** 김학원 | **편집** 박현혜 | **디자인** 박인규

저자·독자 서비스 humanist@humanistbooks.com | **용지** 화인페이퍼 | **인쇄** 삼조인쇄 | **제본** 영신사

발행처 휴먼어린이 | **출판등록** 제313-2006-000161호(2006년 7월 31일) | **주소** (03991) 서울시 마포구 동교로23길 76(연남동)

전화 02-335-4422 | **팩스** 02-334-3527 | **홈페이지** www.humanistbooks.com

글 ⓒ 박혜정, 2022   그림 ⓒ 순미, 2022

ISBN 978-89-6591-464-8 74900
ISBN 978-89-6591-460-0 74900(세트)

- 이 책은 저작권법에 따라 보호받는 저작물이므로 무단 전재와 무단 복제를 금합니다.
- 이 책의 전부 또는 일부를 이용하려면 반드시 저작권자와 휴먼어린이 출판사의 동의를 받아야 합니다.
- **사용연령 6세 이상** 종이에 베이거나 긁히지 않도록 조심하세요. 책 모서리가 날카로우니 던지거나 떨어뜨리지 마세요.